PORTE-FEUILLE

DE FOUCHÉ.

LETTRE

DE

FOUCHÉ A NAPOLÉON.

PARIS,

J. G. DENTU, IMPRIMEUR-LIBRAIRE,

rue des Petits-Augustins, n° 5 (ancien hôtel de Persan).

1821.

AVIS DE L'ÉDITEUR.

Le possesseur du porte-feuille de Fouché vient d'arriver à Paris. Fatigué d'un long voyage, et occupé d'affaires extrêmement importantes, il prie le public de vouloir bien l'excuser de ne pas livrer aussitôt à sa curiosité et à son examen toutes les notes qu'il a à joindre à cette *premiere pièce ;* elles feront l'objet d'une brochure particulière qui va paraître immédiatement après celle-ci.

LETTRE

DE

FOUCHÉ A NAPOLÉON.

Aix, ce 18 octobre 1811.

Sɪʀᴇ,

Je me rendais le 12 de ce mois à Lambesc, lorsque dans une forêt qui n'est pas éloignée de cette ville, quatre brigands se sont élancés à la tête des chevaux de ma voiture, ont tué le postillon, et ont ensuite tiré à bout portant sur moi et sur mon secrétaire : ce dernier est mort frappé à la tête, et moi j'ai reçu une balle dans la gorge, qui ne m'a pas assez ôté la connaissance pour que je ne visse pas une escouade de gendarmes sortir tout à coup d'une espèce d'embuscade, et, au lieu d'arrêter les misérables, les tuer sur la place : tel est, Sire, l'accident qui vient de m'arriver. Je ne demanderai pas à votre ministre de la police comment les routes de la Provence, toujours si sûres pour les voyageurs, ne sont devenues dangereuses que pour moi, ni comment une escouade de gendarmes s'est trouvée placée assez à propos à l'endroit où s'est commis cet attentat, pour paraître au moment même où l'on pouvait le croire consommé, et pour en exterminer les auteurs, qui, suivant toutes les lois, devaient être arrêtés et traduits devant les tribunaux. Non, Sire, ce n'est pas à cet aveugle séide, que vous avez rendu le gardien de votre personne et de la sûreté publique, que je m'adresserai pour avoir cette explication. Je sais que je n'obtiendrais de lui qu'une réponse évasive ou dictée par vous, et que j'en serais réduit à attendre dans l'inaction une tentative mieux combinée contre moi. Sire, mes périls sont trop menaçans pour que je croie qu'il soit possible de les conjurer par la prudence ; et pour vous ôter au moins dans la satisfaction que vous pourrez goûter en vous délivrant d'un homme que vous craignez, le plaisir de l'avoir trompé sur vos projets, je vous dirai que c'est vous, oui, vous, que j'accuse de l'assassinat qu'on a tenté contre moi. Je sais que je n'ajoute rien à votre colère ni à votre haine en vous disant que j'en pénètre les intentions et que j'en connais les tentatives. Il importe peu à un tyran qu'on le devine, quand on n'a pas le pouvoir de le démasquer, ni qu'on l'accuse quand on n'a pas les moyens de le convaincre; mais j'accompagnerai cette inculpation de faits, de réminiscences et de présages qui, j'en suis sûr, éveilleront dans votre cœur, sinon des remords, au moins des terreurs qui me vengeront d'avance de vos attentats.

Depuis qu'en me renvoyant du ministère vous m'avez donné le vain titre de gouverneur de Rome, toute la France a annoncé que bientôt je serais frappé par vous, soit que vos agens n'eussent pas assez de discrétion pour cacher les instructions qu'ils avaient reçues, soit que connaissant combien vous êtes féroce et vindicatif, la France et l'Europe aient prévu ce qu'un homme, qui n'a envers vous que le tort d'avoir contribué à votre élévation et à votre sûreté, avait à redouter de ce cœur, qui pardonne encore moins les services que l'injure. Vous ressemblez, Sire, à tous les tyrans, qui, lorsqu'ils se croient affermis, éloignent les témoins de leur première obscurité, sacrifient les instrumens de leur élévation, et confient le soin des affaires aux individus qui les flattent, et la garde de leur personne à ceux qui montrent pour eux un dévoûment absolu et une obéissance aveugle.

Cette époque est ordinairement celle de leur décadence ; et il arrive souvent qu'ils tombent sous les coups de ceux même qu'ils croyaient devoir le moins soupçonner, parce qu'il n'y a rien de plus équivoque qu'un sentiment qui n'est pas raisonné, ni de plus incertain qu'un attachement qui est plus dans l'imagination que dans le cœur.

Les souverains qui commencent, les trônes qui s'élèvent, ont besoin d'un autre appui que de celui qu'ils peuvent recevoir de quelques flatteurs déhontés, ou de quelques soldats dont tout le mérite est dans leur brutalité et leur ignorance. Ce pouvoir que vous partagez avec eux, cet édifice dont avec eux vous cherchez à agrandir les bases ou à soutenir les parties incohérentes, n'ont pas été élévés par vos propres partisans, ni par leur assistance ; nos conseils vous ont éclairé, notre expérience vous a servi, et bien souvent nous avons sacrifié notre propre popularité pour déguiser les effets de votre pétulance et de votre ignorance des hommes et des choses.

Il ne faut pas vous le dissimuler, Sire, vous

avez été conduit au point d'élévation où vous êtes, par les hommes qui, après avoir eu une grande influence dans la révolution, ont échappé à ses catastrophes par leur habileté, leur courage ou leur adresse ; ces hommes se sont réunis, quoique d'opinions différentes ; ils se sont entendus, quoiqu'ayant servi dans des partis opposés ; et voyant que l'autorité, tombée dans le mépris, allait devenir la proie des jacobins, et tôt ou tard l'héritage des ennemis de la révolution, ils ont résolu de la déposer dans les mains d'un seul pour lui donner de l'intensité, et de la confier à un soldat couvert de gloire pour lui rendre de l'éclat. Telle fut la coalition qui commença votre puissance, et tels sont les intérêts divers qui se concertèrent pour produire votre élévation. Nous ne crûmes pas devoir vous demander de garanties, parce que nous les vîmes dans votre propre intérêt, et nous ne vous refusâmes rien de ce qui pouvait rendre votre autorité imposante et vigoureuse, parce qu'elle devait en même temps écraser les factions de l'intérieur, et inspirer à nos ennemis extérieurs une crainte salutaire. Nous avons d'abord été peu alarmés de vos premiers écarts, que nous attribuâmes à votre inexpérience et à cette effervescence qu'excitent toujours, dans un cœur naturellement ardent, une élévation inattendue, une fortune extraordinaire. Nous travaillâmes pour vous, tandis que vous conspiriez contre notre propre ouvrage ; et si nous n'avions pas eu autant de prudence que vous montriez d'emportement, nous eussions péri et succombé avec vous et par vos propres écarts. De ces deux actions contraires est résulté un monstre politique ; savoir : une administration vigoureuse et éclairée établie par nous, et un despotisme fougueux et sans frein établi par vous. La sagesse de l'une vous soutenait quand vous augmentiez la violence de l'autre ; et quand vous avez vu votre empire sagement organisé, vous avez cru qu'il suffisait, pour continuer votre ouvrage et perfectionner vos projets, que votre puissance fût sans bornes et sans contre-poids. Etrange présomption d'un soldat accoutumé à commander avec le sabre, à tout voir céder au pouvoir de ses armes, à tout voir fléchir sous l'action de sa volonté ! Je le sens bien, Sire, ce n'était pas un soldat qu'il nous fallait choisir ; mais les circonstances étaient telles que nous ne pouvions choisir qu'un soldat.

Lorsque nous vous prêtions notre appui pour courber l'esprit indocile du peuple français, nous ne voulions qu'effacer du caractère national les taches que la tourmente révolutionnaire y avait imprimées ; mais nous ne voulions ni l'abrutir, ni le dégrader pour le façonner à l'esclavage. Ce projet impie n'a pu être conçu que par un homme qui n'est pas né Français, que l'ambition la plus effrénée aveugle, et qui ne connaît pas la nation qu'il opprime. Faire succéder aux horreurs de l'anarchie, aux excès des réactions, le plus sombre et le plus cruel de tous les despotismes, c'est déchirer des blessures encore ouvertes, c'est déchirer avec la furie du tigre des membres déjà lacérés, c'est ajouter le désespoir à la douleur, et ne prolonger la vie que pour prolonger la souffrance. Sire, vos périls ne sont pas dans ces conspirations imaginaires créées par vos terreurs ou par le besoin que vous avez de punir. Si quelquefois j'ai donné quelque réalité à leurs formes fantastiques, c'est que cédant trop peut-être à une politique machiavélique, je croyais qu'il était utile, pour précipiter la destruction des partis, de les jeter dans des mesures imprudentes, ou de leur supposer des complots dangereux ; mais ces moyens que les circonstances seules peuvent justifier, doivent être rejetés avec horreur dès que ces partis n'ont plus l'intention ni la possibilité des choses. Ce que nous avons employé par nécessité, vous l'avez continué par goût, et vous n'avez conservé de vos relations avec nous, des leçons que vous avez reçues de nous, que ces moyens cruels, cette politique perfide créés par la révolution, et que nous avons cru devoir employer pour la terminer. Combien il est dangereux d'initier certains esprits à ces secrets dangereux auxquels les hommes qui gouvernent les États sont obligés de recourir, dans des cas rares, pour conjurer les périls d'un peuple ou faire cesser ses agitations; et combien ces poisons qui, administrés sagement, endorment ou calment les factions, deviennent funestes lorsque l'instinct de la vengeance et de la destruction s'en empare pour les répandre sans précaution et sans choix ! Et cependant, malgré ce pouvoir absolu dont vous disposez, malgré ces hommes aveuglément dévoués qui vous servent et vous gardent, malgré cette terreur et ce silence qui donnent à votre empire l'aspect d'un vaste tombeau, vous êtes loin d'être tranquille et de vous croire en sûreté, et j'ose avancer que vous éprouvez autant de peur que vous en inspirez.

Ce ne sont pas les Souverains vos ennemis ou vos rivaux que vous redoutez maintenant; ce ne sont pas même des masses poussées à

l'insurrection par le désespoir ; mais vous trem-
blez devant des individus ! Un homme, un seul
homme initié aux secrets de votre politique,
et au mécanisme de votre police, qui connaît
dans toute leur étendue la faiblesse et les pué-
rilités de votre caractère, qui d'un seul mot que
n'aura pu réprimer ou intercepter votre sur-
veillance ombrageuse, peut faire rougir vos
sujets de leur obéissance et les Souverains de
leurs liaisons avec vous ; oui, Sire, ce seul
homme vous inspire plus d'effroi que ne le
feraient toutes les phalanges de l'Europe coa-
lisée contre vous. Vous avez la force ; vous ne
craignez l'attaque ni la résistance ; mais tout
votre despotisme ne peut empêcher que tôt ou
tard *la vérité ne vous tue.* « C'est cet agent
« actif et terrible que vous ne comprimez un
« instant que pour le faire éclater ensuite avec
« plus de furie. Ce pouvoir est aussi prépondé-
« rant dans le monde moral que l'électricité
« dans le monde physique ; infini dans ses mo-
« difications, il combine les effets les plus op-
« posés, agglomère les particules les plus vola-
« tiles, ou disperse les massés les plus consi-
« dérables ; également actif dans le silence ou
« dans la tempête, il gronde, il éclate au milieu
« d'un ciel sans nuages, comme au sein des

« nuages accumulés ; enfin , tantôt contracté, il
« forme comme une âme individuelle, et tantôt
« dilaté , il agite des nations entières. » Vous
connaissez , Sire , la vigueur et le développe-
ment que je puis donner à cet ennemi des tyrans , et c'est pour cela que mon existence
trouble sans cesse votre repos; vous vous souvenez combien de fois j'ai sauvé la vôtre, combien de fois je vous ai rendu la sécurité, et
plus que cela, combien de fois je vous ai conservé votre dignité, en vous aidant à dissimuler
vos terreurs.

Souvenez - vous, Sire, que dès la prétendue
conspiration de Cerachi, Aréna, etc., vous fûtes
tellement effrayé de ce qu'on pouvait méditer
encore contre votre personne, que vous voul-
lûtes transférer le siége de votre gouvernement
à Lyon, et que je prévins cette démarche dictée par la peur et par l'imprévoyance, en vous
prouvant que quitter Paris, c'était abdiquer le
pouvoir suprême. Vous ne fûtes rassuré cependant, que quand je vous eus promis que ceux
dont les conciliabules, plutôt que les complots,
avaient excité en vous un terreur si grande,
seraient immolés. Ils périrent, et j'aurais à
me reprocher leur mort, si ce sacrifice n'eût
été nécessaire pour intimider le parti jacobin,

qui se croyait fort parce qu'on le ménageait, et qui serait devenu formidable parce qu'il se croyait redouté. Et encore, vouliez-vous, à l'instar de l'ancien Comité de salut public, envelopper dans cette conspiration tous les Corses ennemis de vous et de votre famille, qui se trouvaient à Paris. J'attribuai alors uniquement à la frayeur ce vœu frénétique; mais votre conduite n'a que trop prouvé depuis qu'il appartenait à cet instinct cruel qui n'a jamais refusé un crime quand il a été conseillé par la vengeance ou par le soupçon. Si vous l'aviez suivi alors, vous étiez renversé, parce que les jacobins, entraînés par leur désespoir, auraient bientôt brisé cette frêle fabrique politique que nous ne pouvions préserver alors qu'en mettant autant de précaution dans l'exercice de la modération que dans celui de la sévérité. Mais ce que je fis pour vous maintenir, je le fis aussi pour me sauver, moi et mes amis; et tel est, en grande partie, le genre d'attachement que vous avez su nous inspirer pour votre personne et pour vos institutions, que c'est la crainte de périr avec vous qui nous a presque toujours engagés à vous tirer des périls où vous engageait votre imprudence.

Souvenez - vous qu'au 3 nivose, emporté par vos terreurs et par votre fougue, vous alliez faire des jacobins une hécatombe qui vous mettrait entièrement à la merci des royalistes ; *lorsque je vous fis sentir la nécessité des contrepoids et du système des réactions si utiles pour contenir les partis les uns par les autres, et je vous démontrai que jusqu'au moment où la fusion de tous les intérêts et de toutes les opinions serait produite par la vigueur et la stabilité du gouvernement, vous vous exposiez à devenir la proie d'un des partis qui avaient agité la France, si vous ranimiez l'un pour écraser l'autre.*

. Après beaucoup d'hésitation, vous vous déterminâtes enfin à frapper également les royalistes et les jacobins, et vous marchâtes ensuite tranquillement et sans obstacle vers le pouvoir suprême. Vous crûtes alors que vous étiez assez affermi pour ne plus être menacé ; et parce que vous me faisiez espionner, vous pensâtes que vous pouviez seul diriger votre police. Je fis arrêter quelques-uns de vos stupides agens, connaissant bien qu'ils étaient employés par vous ; j'espérais vous prouver que plusieurs fois ils avaient fait perdre la trace à mes limiers en se jetant inopinément sur leur route, et que vous désorganiseriez la police de l'empire, sans perfectionner votre espionnage particulier ; mais je ne reçus d'autre réponse à des observations dont la sagesse était évidente, que des cris, des trépignemens et des menaces, et je dus quitter le ministère de la police, que vous réunîtes à celui du grand-juge. Une obscurité paisible était alors le seul bien que j'ambitionnais ; et comme vous n'étiez pas encore assez atrabilaire pour soupçonner un homme qui avait sans cesse veillé à votre sûreté, j'espérais que vous ne troubleriez pas mon repos, et je ne redoutais pour moi d'autres dangers que ceux qui me seraient communs avec les hommes qui, après avoir concouru à votre élévation, se trouveraient à la merci de vos ennemis, si jamais, échappant entièrement à leur expérience et à leurs conseils, vous provoquiez le courroux de la France, sans avoir les moyens de le réprimer. Six mois s'écoulèrent, pendant lesquels tout parut sans orages, et vous vous crûtes sans périls. Tout à coup vous apprenez qu'une conspiration se tramait contre vous : les noms des hommes qu'on accusait d'y prendre part étaient bien faits pour vous causer de l'effroi. Vous me fîtes appeler, et je vous trouvai dans un état d'agitation qui, cette fois-ci, était bien justifié par l'imprévoyance de vos agens, et par les apparences extérieures d'une conjuration qui, excepté les jacobins, semblait avoir réuni tous les autres partis pour opérer votre chute. Vous sentîtes alors toute l'étendue de la faute que vous aviez commise en ne vous reposant que sur votre vigilance pour la sûreté de votre personne, et en confiant celle de l'Etat à un homme étranger au mécanisme compliqué de la police. Vous m'offrîtes alors toutes les attributions que vous m'aviez enlevées, et vous me conjurâtes, au nom de votre sûreté et du salut commun, de reprendre des fonctions qui, selon vous, n'avaient jamais été bien remplies que par moi. J'acceptai ; mais ne voulant pas prendre sur moi l'odieux des exécutions qui allaient avoir lieu, je livrai au tigre Réal des victimes qu'en vérité je n'osais frapper, soit par les souvenirs qui se rattachaient à elles, soit par l'intérêt qu'inspirait leur dévoûment. Pichegru fut assassiné par vos sbires, Georges fut condamné par vos juges-bourreaux; mais là s'arrêta votre influence sur vos féroces agens ; ils se trouvèrent sans force et sans courage, quand vous leur ordonnâtes de frapper la tête dévouée de Moreau.

Vous vîtes alors ce que vous connaîtrez bientôt avec plus d'évidence, que quelle que soit la scélératesse des agens que le despotisme emploie, il est des crimes qui les effraient, des attentats qui les révoltent ; et que craignant alors la vengeance du tyran qu'ils ne veulent plus servir, ils voient un moindre forfait à le percer d'un poignard qu'à exécuter ses ordres sanguinaires. Vous vous fîtes couronner empereur. Quel spectacle pour des Français ! Un étranger élève son trône sur le cadavre d'un de leurs meilleurs généraux, sur ceux des plus fidèles et des plus héroïques défenseurs de leurs anciens maîtres ; il est couronné au milieu du deuil public produit par leur mort ; il règne, tandis que ce Moreau, à qui il n'a manqué que des opinions plus décidées et une ambition plus active pour jouer en France le premier rôle, quitte sa patrie, et va chercher au-delà des mers un repos que la jalousie de son lâche rival lui refuse. Ces contrastes ne m'échappèrent pas alors ; je dirai même qu'ils affligèrent mon cœur, dans lequel s'était faite une révolution soudaine, et que le tableau des forfaits déjà commis pour votre élévation, et la perspective de ceux qu'il faudrait encore accorder à votre défiance et à votre férocité, saisirent d'une impression tout à fait nouvelle et extraordinaire pour moi. Depuis ce temps, quoique je vous aie conseillé la justice et la modération, vous avez écrasé la France sous votre despotisme toujours croissant, et tourmenté l'Europe de vos attentats successifs. Au moment où vous vous croyiez sans ennemis, où, semblable au génie du mal, vous contempliez, d'une immense élévation, ces peuples divers, tous ces souverains assujettis ou trompés par vous, un grand incendie, provoqué par votre pétulante politique et votre odieuse fourberie, s'allume dans un pays où vous croyiez qu'il n'y avait plus une étincelle d'honneur et de patriotisme. Je vous représentai les périls de votre entreprise contre l'Espagne, le mécontentement public qu'elle excitait, les pertes immenses que dès le principe elle vous avait causées, les désastres dont elle menaçait et la France et vous. Vous m'ordonnâtes de faire arrêter les mécontens de la capitale. Sire, vous répondis-je, je vais fermer les barrières de Paris, car c'est tout Paris qui blâme hautement cette guerre impie et meurtrière. Vous me lançâtes un regard dans lequel je lus votre disgrâce et votre haine.

Le Sinon perfide qui trompa si lâchement la famille d'Espagne, devait naturellement succéder à celui qui avait désapprouvé cette odieuse intrigue, et qui en avait prédit les funestes suites. Il est maintenant le ministre de vos vengeances, plutôt que le gardien de votre sûreté; il ne refusera aucune mission, quelque infâme qu'elle soit; il ne répugnera à aucun forfait, quelque épouvantable qu'il paraisse. Il ne manque plus pour compléter le triumvirat le plus affreux qui ait jamais pesé sur un empire, que d'appeler votre aveugle séide, ou le Capidgi d'Ettenheim, pour le mettre à la tête de votre police. J'ai fini, Sire; j'attends vos bourreaux.

Signé Fouché.